NOTICES

sur

M. du Gaigneau de CHAMPVALLINS

(ALEXANDRE-DÉSIRÉ)

ORLÉANS,
IMPRIMERIE DE GEORGES JACOB,
Rue Bourgogne, 220.

1860

NOTICES

sur

M. du Gaigneau de CHAMPVALLINS

(ALEXANDRE-DÉSIRÉ)

ORLÉANS,
IMPRIMERIE DE GEORGES JACOB,
Rue Bourgogne, 220.

1860

NOTICE NÉCROLOGIQUE

sur

M. ALEXANDRE-DÉSIRÉ

DU GAIGNEAU DE CHAMPVALLINS,

Né le 6 février 1786, mort le 25 février 1860.

« La ville d'Orléans vient de perdre un de ses plus honorables, de ses meilleurs, de ses plus importants citoyens. M. de Champvallins, ancien député sous la Restauration, ancien président de chambre à la Cour royale d'Orléans, ancien membre du conseil municipal de la ville, a terminé une carrière noblement utile, glorieusement remplie.

« S'il est un homme que les souvenirs qu'il laisse doivent honorer, c'est certes celui qui, ayant tenu toujours, et en face de tous, un rang considérable et élevé, a eu à la fois une vie supérieure à toute faiblesse, pure de toute tache, au-dessus même de l'attaque et du soupçon.

« Quand, dans les premières années de ce siècle, l'ordre, se dégageant des ruines révolutionnaires, reparut, et que, pour raffermir ce qui avait été si profondément ébranlé, on comprit le besoin d'avoir recours aux anciennes familles chez qui s'était conservé sans altération le sentiment de l'honneur, de la justice, du devoir, on vint chercher M. de Champvallins, bien jeune alors, pour lui offrir des fonctions dans la magistrature qu'une main puissante achevait de réorganiser.

« Dès l'abord, le nouveau magistrat fit preuve de ce jugement, de cette netteté, de cette consciencieuse droiture qui ont été comme le cachet de sa vie entière.

« Quand fut venu, après les malheurs de la France, le gouvernement réparateur de la Monarchie, nommé conseiller à la Cour, puis président de chambre, M. de Champvallins marqua sa place parmi les plus fidèles, les plus sages, les plus intelligents soutiens de ce régime que ses ennemis les plus violents se sont pris plus d'une fois à regretter. On se souvient de la précision lumineuse, des connaissances pratiques avec lesquelles l'éminent magistrat de cette époque dirigeait les débats des assises qui lui étaient confiés, et avec quelle ferme impartialité, quelle intelligente modération il présida une grave et triste affaire politique dont eut à connaître la Cour d'Orléans.

« Nommé député par le collége électoral du département, il défendit toutes les lois qu'il crut bonnes et utiles, non à la tribune où ne l'appelait pas le genre particulier de son talent, mais dans les discussions des bureaux, où plus d'une fois ses collègues admirèrent son sens droit, sûr, plein à la fois de clairvoyance et de conciliation. Il eut l'honneur d'être de cette minorité des cent-quatre-vingt-un députés qui n'eurent pas plus tard à se faire le reproche d'avoir, sous l'empire d'entraînements aussi aveugles que funestes, renversé un gouvernement qui était le port de la France après les révolutions du passé, et son ancre de salut contre les révolutions de l'avenir.

« La révolution de juillet attrista ses convictions sans les ébranler. Pour y rester fidèle, il abandonna des études dans lesquelles il excellait, des fonctions auxquelles il était attaché profondément, des espérances brillantes qui ne pouvaient lui échapper, et qui se seraient même réalisées plus tôt si, avec autant de modestie que d'abnégation, il n'eût tenu à ce qu'on lui préférât, pour la première dignité de la magistrature orléanaise, un oncle plus ancien magistrat que lui.

« La vie privée dans laquelle il rentra, loin de diminuer sa position, l'agrandit. Il dirigea dès lors, avec une autorité que nul ne contestait, avec un talent qu'aucun n'égalait, le groupe nombreux encore de ceux qui, fidèles à leurs convictions, ne s'étaient pas laissé aller à la pente des événements. Il présida jusqu'aux derniers jours à cette lutte à la fois persévérante et modérée, invariable dans les principes, conciliante avec les personnes, qui fut successivement représentée par l'*Orléanais*, l'*Union orléanaise*, et ensuite, d'une manière plus puissante et plus large, par le *Moniteur du Loiret*.

« Quoique chef d'une opinion, c'était l'homme de tous, estimé, aimé, accepté par tous. Au conseil municipal, où il fut appelé par le suffrage des électeurs dans les jours des luttes les plus vives du gouvernement de Louis-Philippe, il sut prendre et garder une position aussi honorable que respectée, et sa voix était écoutée de tous les partis comme celle du bon sens, de la sagesse, de la modération.

« C'est qu'il était en effet le modèle comme le maître de tous. Son nom était un drapeau, sa présence était une force : drapeau de l'union et du bien, force du droit et de la justice. A toutes les œuvres, à toutes les réunions, à tous les conseils où il assistait, par un sentiment naturel, par un consentement unanime, la présidence avec la direction lui était dévolue; et il était remarquable de voir alors la lucidité de son esprit, la netteté de ses conseils, la rectitude de son jugement, son habileté à aller directement au but, à ramener toujours la discussion vers son véritable point, à résumer avec une présence d'esprit merveilleuse les questions les plus complexes et les plus ardues. Il retenait les uns, soutenait les autres avec ce tact qui sauvegardait tous les amours-propres, avec cette mesure qui effaçait toutes les dissidences, avec cette justesse d'aperçu qui ramenait tous les esprits, avec cette bonté qui attirait toutes les sympathies et rapprochait tous les cœurs.

« Soit qu'il dirigeât une réunion politique, soit qu'il tînt une séance d'affaires, soit qu'il présidât une association religieuse, comme celle des *Apprentis*, ou celle surtout des *Sœurs de Charité*, à laquelle il consacra jusqu'à la dernière heure ses soins les plus chers, il était toujours le même : chrétien à la fois pieux et tolérant ; homme du droit en même temps que du devoir ; généreux à toutes les œuvres, bienveillant à toutes les misères, secourable à tous les besoins. Ses services ne peuvent pas plus se compter que ses bienfaits, et sa charité n'était égalée que par son dévoûment. En un mot, M. de Champvallins a été un de ces hommes de mérite supérieur, un de ces hommes de bien par excellence, qu'on doit d'autant plus regretter qu'on ne les remplace pas.

« Il est mort avec la sérénité du juste, avec le courage du chrétien ; prévoyant tout, présent à tout, riche devant Dieu de tout le bien qu'il avait fait aux hommes. Et au milieu de la douleur des siens comme du deuil général, devant cette perte à la fois privée et publique, un de ceux qui l'ont le plus connu, apprécié, admiré, a éprouvé une grande consolation mêlée d'une grande tristesse à lui rendre, dans une bien imparfaite mesure, le témoignage dû à tant d'intelligence, à tant de sagesse, à tant de vertu, à tant de bonté. »

Dès le 1er mars, nous publiions les lignes précédentes dans la *Gazette de France* et dans l'*Union*. Mais cette appréciation trop rapide eût perdu presque toute sa force, si elle fût restée isolée. Les voix les plus autorisées, le sentiment de tous, sont venus lui donner le complément qu'elle devait recevoir et lui imprimer une sanction que nul ne peut contester. Qu'il nous soit donc permis de redire aujourd'hui plusieurs des hommages qui, comme un écho fidèle de l'opinion publique, ont été offerts à la mémoire de l'homme éminent que nous regrettons.

L'*Ami de la Religion,* journal si longtemps dirigé par le pieux et savant M. Picot, qui fut le précepteur de M. de Champvallins, s'est naturellement empressé de rendre témoignage au digne élève de son ancien fondateur :

« Depuis plus de cinquante ans, a dit ce journal (et la *France centrale* a reproduit ces paroles), M. de Champvallins exerçait dans sa ville natale une de ces hautes magistratures morales, dont la considération publique investit certains hommes, et qui dominent toutes les opinions. C'était un de ces patriarches de vertu, d'honneur et de dévoûment, qui commandent à tous autour d'eux le respect et l'estime ; et l'on peut dire, à l'honneur de sa mémoire, qu'il ne s'est pas fait de bien depuis un demi-siècle, dans une ville renommée pour sa bienfaisance et sa charité, qu'il n'y ait mis généreusement la main.

« En le perdant, Orléans perd un de ces chrétiens des vieux âges, un de ces types purs et antiques que le temps efface de plus en plus, mais dont le souvenir demeure comme un modèle aux générations. »

M. Mauge, conseiller à la Cour d'Orléans, vice-président très-zélé de l'*Œuvre des Apprentis,* dont M. de Champvallins était président, a publié, dans les deux journaux d'Orléans, une note vive et bien sentie qu'on ne nous reprochera pas de venir reproduire ici :

« Toutes les classes de la population étaient représentées ce matin près de la tombe qui vient de s'ouvrir pour un de nos concitoyens les plus respectables et les plus regrettés.

« M. de Champvallins était connu de tous pour son inépuisable bienfaisance, et surtout par la pieuse et admirable modestie avec laquelle il s'appliquait à cacher ses bienfaits.

« Dans le cortége qui suivait les restes mortels de cet homme de bien, on a pu remarquer un groupe d'enfants et de jeunes hommes, dont le cœur, comme celui de tant d'autres, battait sous l'impression de la reconnaissance et du respect. C'était une députation des *Jeunes Apprentis*.

« Ils savaient quel intérêt et quelle affection leur portait M. de Champvallins, l'un des fondateurs et des plus généreux bienfaiteurs de cette œuvre, dont une voix unanime l'avait prié d'accepter la présidence.

« Ils savaient combien souffrait ce vénérable vieillard, quand des obstacles de santé, que nous déplorions tous, le privaient d'assister aux réunions publiques ou privées de la société : aux réunions privées, où l'on appréciait si bien la précision de sa parole et la remarquable netteté de son esprit ; aux réunions publiques, où son sourire plein de grâce et de bonté doublait le prix de la récompense pour ces jeunes hommes, heureux de venir presser respectueusement sa main.

« Qu'il soit permis à ces jeunes gens, à leurs familles, à leurs instituteurs, à leurs patrons, à tous leurs protecteurs, de payer publiquement leur tribut de reconnaissance et de regrets à l'homme si éclairé, si pieux et si modeste, dont le nom restera toujours pour eux entouré d'une sincère gratitude et d'une profonde vénération. »

A la séance du 2 mars de la Société des Sciences, Belles-Lettres et Arts d'Orléans, dont M. de Champvallins était membre, M. l'abbé de Torquat se déclarait heureux de se faire son biographe et donnait lecture d'une notice historique pleine d'intérêt, que la Société a accueillie avec la plus grande faveur et dont elle a voté par acclamation l'insertion dans ses *Annales* (1).

Les plus hauts témoignages n'ont pas manqué à l'homme que les liens de l'amitié comme des relations politiques ont trouvé également fidèle et dévoué.

Dans une lettre adressée immédiatement à la famille, M. de Barante s'exprimait ainsi :

« Je savais ses bonnes et grandes qualités, et la juste considération dont il jouissait à Orléans, et j'étais fier de lui appartenir par le sang et par l'amitié. »

Et peu de jours après, M. Berryer, obéissant à un sentiment spontané de regret et de sympathie, laissait échapper ces paroles de sa plume :

« M. de Champvallins m'a honoré de son amitié : j'ai eu, en toute rencontre, la plus haute estime pour la conduite, les principes et le caractère de cet homme de bien ; et je n'ai pas moins apprécié les rares et belles qualités de son cœur que la justesse et la droiture de son esprit. »

Mais la plus belle, la plus glorieuse consécration de

---

(1) Voir la notice historique publiée à la suite de celle-ci.

ces sentiments manifestés de tant de points divers, a été donnée, du haut de la chaire de la cathédrale, par une voix éloquente que tout le monde catholique en ce moment écoute et admire. Mgr Dupanloup, inaugurant, le 26 février, en présence d'un immense auditoire, ses belles prédications du Carême par un discours sur le *Monde,* a prononcé, au milieu de l'émotion générale, et lui-même d'une voix émue, ces nobles et saisissantes paroles :

« Les serviteurs de Dieu sont dans le monde, mais ne sont
« pas du monde ; Dieu les en tire et les rappelle à lui....
« Mais qu'ai-je dit, et quel souvenir se présente ici à moi ?
« Non, il n'était pas du monde ! Il était dans le monde, mais
« il n'était pas du monde, cet homme de bien que la mort a
« ravi hier même à nos affections et à nos respects bien mé-
« rités, et dont la perte est un deuil non seulement pour sa
« famille, mais pour tant d'amis dévoués qu'il comptait parmi
« vous, Messieurs, et pour la cité tout entière. Il était dans
« le monde, mais il n'était pas du monde, ce chrétien fidèle
« et généreux, cet homme si simple et si bon, d'un esprit
« si ferme et si doux, d'une âme si droite et si sincère,
« d'un conseil si sage, d'un commerce si aimable et si sûr,
« d'un si bienveillant accueil, d'un cœur si tendre, d'une
« charité si prodigue (j'en sais quelque chose) ! Il n'était pas
« du monde ; Dieu l'avait préservé du mal et de la contagion
« du monde ; Dieu l'avait élevé par la foi et la pratique du
« bien au-dessus de ces régions du monde ; puis il l'a rappelé
« à lui, couronnant sa longue et belle vie par une paisible
« et sainte mort. Il disparaît du milieu de nous plein de jours

« et de mérites, ce père de famille vénéré ; mais ses enfants
« et petits-enfants garderont sa mémoire et perpétueront ses
« exemples. Ils demeureront dans le monde, mais ils ne se-
« ront pas du monde ; ils seront fidèles aux nobles traditions
« de leur père, et sous l'inspiration des exemples et des vertus
« qui survivent, ils aimeront Dieu et les pauvres ; ils re-
« cueilleront, pour le transmettre à leur tour, le triple héritage
« d'honneur, de charité généreuse et de religion conservé
« jusqu'à ce jour avec une inviolable fidélité et par tous. »

Magnifique hommage, déposé comme une couronne suprême et immortelle sur toute une vie de fidélité et de dévoûment ; hommage qui élève l'éloge au niveau du mérite et demeurera comme le sceau du plus illustre des évêques sur la tombe du plus digne de ses diocésains !

F. BAGUENAULT DE PUCHESSE.

NOTICE HISTORIQUE

SUR

M. ALEXANDRE-DÉSIRÉ

DU GAIGNEAU DE CHAMPVALLINS,

MEMBRE DE LA SOCIÉTÉ D'AGRICULTURE ET DE CELLE DES SCIENCES, BELLES-LETTRES ET ARTS D'ORLÉANS, ANCIEN PRÉSIDENT DE CHAMBRE A LA COUR ROYALE D'ORLÉANS, ANCIEN DÉPUTÉ DU LOIRET.

Lue à la Séance du 2 mars 1860 par M. l'abbé de TORQUAT.

« Messieurs,

« Le lundi 28 février 1860, une foule sympathique et recueillie se pressait autour d'une tombe. Tous les rangs de la société orléanaise s'y trouvaient représentés : noblesse, magistrature, clergé, commerce, industrie. Les sociétés savantes, religieuses, de bienfaisance, s'y étaient donné rendez-vous. C'était un tribut d'hommages payé à la noblesse des sentiments, à la droiture de l'esprit, à la pureté d'une vie sans reproches. Dans cette tombe venait de descendre l'un des plus anciens de nos collègues, M. Alexandre-Désiré du Gaigneau de Champvallins.

« La famille du Gaigneau est originaire de Bourgogne, où elle a possédé plusieurs terres nobles : Châteaumorand, Provency, Montplessis et Champrenaut. Ses relations intimes avec le cardinal de Coislin lui firent quitter cette province pour Orléans, lorsque Mgr de Coislin fut nommé évêque de notre diocèse. Le prélat avait pour la famille du Gaigneau une affection si vraie, qu'il fit don à l'un de ses membres d'une somme de dix mille livres, comme il est constaté par un contrat de mariage encore existant.

« Pour reconnaître les services rendus par elle à l'État, Louis XIV confirma, par lettres-patentes du mois de septembre 1676, enregistrées à la Chambre des Comptes le 28 novembre 1678, ses titres de noblesse, qui étaient bien antérieurs, ainsi que le prouvent de très-anciens actes publics.

« La vertu fut héréditaire comme la noblesse dans cette famille. Elle n'a jamais oublié ce vers de Juvénal, mis en tête de sa généalogie par Claude du Gaigneau :

Nobilitas sola est atque unica virtus.

« Jean du Gaigneau mourut à Avalon, victime de sa foi et de l'honneur, vers 1565 (1).

---

(1) Les huguenots de Vézelay le surprirent chez lui, avec Claude Billot, son curé, et se préparaient à lui faire subir le sort des autres catholiques, massacrés à Vézelay, lorsque la femme du commandant de la troupe obtint sa grâce. On exigea de lui une rançon de 3,000 livres, dont on lui promettait de l'exempter, s'il voulait arquebuser Claude Billot. Jean du Gaigneau, non seulement repoussa la proposition avec horreur, mais il offrit une seconde rançon pour son curé. Elle fut refusée. Claude Billot fut assis dans une fosse, couvert de terre jusqu'à la tête, qui servait de but aux huguenots jouant à la boule, et expira dans cet état, après les plus affreuses tortures. Jean du Gaigneau, malgré la rançon qu'il paya, fut exposé à tant de mauvais traitements, qu'il en mourut à Avalon, à l'âge de trente-trois ans.

« En 1722, Alexandre du Gaigneau de Champvallins, continuateur de la généalogie commencée par Claude, adressait à ses enfants ces paroles remarquables : « Vous avez vu jus« qu'à présent notre généalogie du côté paternel, et vous n'y « trouverez rien qui ne vous invite à craindre et à aimer « Dieu et à être honnêtes gens. Ressemblez donc à vos pères, « et allez plus avant si vous pouvez. Le chemin vous est « tracé. »

« Une qualité distinctive, et qui s'est perpétuée jusqu'à nos jours chez les du Gaigneau, c'est l'amour de la vie de famille, qui a entretenu la plus parfaite harmonie entre les parents, les enfants, les frères et les sœurs.

« Plusieurs du Gaigneau ont porté les armes et se sont distingués par leur valeur.

« En 1692, Pierre du Gaigneau de Châteaumorand, sieur de Champrenaut, capitaine au régiment de marine, conseiller du roi et du duc d'Orléans, obtint la charge de maître des eaux et forêts d'Orléans, et vint se fixer dans notre ville.

« Ses vertus et sa foi l'avaient signalé à l'attention du cardinal de Vendôme, nonce du Saint-Siége auprès de Louis XIV. En vertu des pouvoirs que lui avait accordés le souverain-pontife Clément IX, le cardinal-nonce lui conféra, le 24 avril 1668, les titres et les priviléges : 1º de militaire et chevalier, aux insignes d'or, du sacré palais apostolique et de la cour du Vatican ; 2º de comte palatin

« Il épousa, en premières noces, Madeleine de la Fons, et en deuxièmes noces Marie Vaillant, fille d'Antoine Vaillant, écuyer, sieur de Champvallins. Il eut sept enfants. Deux seulement ont vécu et contracté mariage, savoir : Élisabeth Marguerite, mariée à François de Heere, chevalier, seigneur de Villermin, premier président du présidial d'Orléans; Alexandre, écuyer, sieur de Châteaumorand, de Champrenaut, du Mée en Beauce et de la Métrais. Alexandre est le premier du Gaigneau qui prit le nom de Champvallins, terre noble de la paroisse de Sandillon, qui lui venait de sa mère, Marie Vaillant, nièce et héritière d'Antoine Vaillant, chanoine de Saint-Aignan, prévôt d'Herbilly, sieur de Champvallins.

« La charge de maître des eaux et forêts obtenue par Pierre du Gaigneau, en 1692, resta dans sa famille jusqu'en 1791, où elle fut supprimée par l'Assemblée constituante.

« Le dernier du Gaigneau qui l'exerça fut Alexandre-Charles, écuyer, sieur de Châteaumorand et de Champvallins. Sous le Consulat, on lui proposa d'entrer dans la nouvelle administration des eaux et forêts ; mais il préféra le repos que réclamaient ses années. Il avait épousé, le 19 avril 1784, Mlle Marie-Félicité Tassin de Villepion, fille du procureur du roi au siége présidial d'Orléans.

« De ce mariage naquit, le 6 février 1786, M. Alexandre-Désiré du Gaigneau de Champvallins, notre regrettable collègue. Il entra dans la vie presque au milieu des agitations d'une révolution sociale, politique et religieuse.

« Ses premières impressions durent être celles de la Terreur ; car, tout enfant, il vit deux fois son père jeté en prison, et il l'eût perdu infailliblement, sans deux circonstances qui méritent d'être signalées. Les habitants de Sandillon, informés de la captivité du seigneur de Champvallins, avec un courage qui les honore et qui révèle l'estime qu'ils avaient pour la victime, demandèrent et obtinrent une première fois son élargissement. La chute de Robespierre lui rendit une seconde fois la liberté.

Aux émotions de la crainte succéda, pour M. Alexandre-Désiré de Champvallins, le doux calme de la vie de famille, que lui apprenaient à connaître six frères et sœurs unis par les liens d'une communauté parfaite dont on a peu d'exemples. Son éducation fut confiée à un Orléanais aussi recommandable par ses vertus qu'il est connu par ses écrits religieux, M. Picot, de Neuville, auteur de *Mémoires pour servir à l'histoire ecclésiastique contemporaine*, fondateur et rédacteur en chef du journal intitulé : l'*Ami de la Religion et du Roi*. L'étude du droit succéda à celle des auteurs classiques, et M. de Champvallins se disposa à entrer dans la magistrature. Mais avant de commencer cette noble carrière, il contracta une union qui devait exercer la plus heureuse influence sur sa vie. Le 3 décembre 1810, il épousait Mlle Marie-Madeleine Pauline de Saint-Mesmin, dernier membre d'une famille qui donna plusieurs témoins dans le procès de réhabilitation de Jeanne d'Arc, fut anoblie par Charles VII, à cause des services qu'elle avait rendus au roi et à l'État, et occupe une place importante dans l'histoire d'Orléans.

« Quatre mois après, le 2 avril 1811, M. de Champvallins était nommé substitut du procureur impérial près le tribunal de première instance d'Orléans.

« La Restauration le trouva à ce poste, et voulant tout à la fois récompenser son mérite et honorer le nom de Champvallins, elle le fit passer immédiatement à la Cour royale, où il fut installé comme conseiller, le 3 novembre 1814, en remplacement de M. d'Arnaut, décédé (1).

« M. de Champvallins appartenait à une classe chez laquelle, en France surtout, se conserve le culte des souvenirs. Il avait salué avec bonheur le retour d'une dynastie à laquelle le rattachaient les traditions paternelles ; il lui resta fidèle aux jours de l'épreuve, et quitta la robe du magistrat après la constitution du 20 mars 1815. Suspendu de ses fonctions par Napoléon, ainsi que tous ceux qui devaient leur nomination à Louis XVIII, M. de Champvallins fut réintégré par décret impérial du 31 mars 1815 ; mais il refusa de siéger,

---

(1) Sa nomination avait eu lieu au mois de septembre 1814.

malgré trois lettres d'invitation du procureur général et une sommation faite par exploit d'huissier, et ne rentra à la Cour que le 16 juillet suivant, après le retour des Bourbons et par ordre du roi.

« Tous les collègues de M. de Champvallins à la Cour royale savent avec quelle intégrité, quelle indépendance de caractère le jeune conseiller exerça ce sacerdoce qu'on appelle la magistrature. S'il n'avait pas l'éloquence d'un avocat, il possédait à un haut degré la clarté, la netteté, la fermeté, l'impartialité qui doivent accompagner les arrêts de la justice. Aussi fut-il souvent choisi pour présider les assises, fonction délicate, qui demande dans celui qui l'exerce l'équité jointe à la connaissance du cœur humain ; la solidité des principes, la force du caractère unies à la modération, au talent de diriger, de résumer les débats. C'est surtout dans le président d'assises qu'on doit retrouver le *vir bonus, dicendi peritus*.

« Une occasion mémorable se présenta, pour M. de Champvallins, de déployer les deux grandes vertus du juge : la fermeté et l'impartialité. Des individus compromis dans l'attaque du général Berton contre Saumur, comparurent aux assises d'Orléans comme accusés. M. de Champvallins présidait. Il eut le rare talent de se concilier, dans un procès politique, l'estime de l'accusation et de la défense.

« L'autorité le désigne pour aller recevoir le serment des membres du tribunal de Vendôme et leur donner l'institution royale ; la Cour le nomme commissaire pour l'examen des projets de loi sur les saisies immobilières, les faillites et les ventes judiciaires.

« En 1819, l'Académie d'Orléans se constitue définitivement sous le nom de Société royale des Sciences, Belles-Lettres et Arts ; M. de Champvallins est appelé un des premiers à faire partie de cette assemblée, qui réunissait tout ce que la ville renfermait d'hommes sérieusement adonnés à l'étude, et il sut toujours y occuper parfaitement sa place.

« Ce n'était pas seulement les magistrats, les lettrés qui savaient distinguer le mérite de M. de Champvallins. Malgré sa modestie bien connue, les honneurs lui arrivaient de toutes parts. En 1816, il entrait au conseil municipal. En 1823, il recevait du roi la croix, alors peu prodiguée, de la Légion-d'Honneur. En 1827, il était envoyé à la Chambre des députés par le grand collége électoral du département du Loiret ; en 1829, il était, par ordonnance royale, créé président de chambre à la Cour d'Orléans, et succédait à l'honorable M. de la Place de Montevray, nommé premier président.

« Dans toutes les assemblées où il fut appelé à délibérer, M. de Champvallins sut se concilier le respect de tous par la loyauté de son caractère et une ligne de conduite qui ne varia jamais. Ceux mêmes qui ne partageaient pas ses opinions se plaisaient à rendre hommage à la droiture de ses intentions, à son humeur conciliante, à sa bonté inépuisable.

« Il siégea à la Chambre des députés pendant les sessions mémorables de 1828 et de 1829. Il assista aux séances orageuses du mois de mars 1830 et fut un des cent quatre-vingt-un députés qui votèrent contre la fameuse adresse qui amena la dissolution de la Chambre et hâta la chute du trône.

« Le 22 juillet 1830, les colléges d'arrondissement sont réunis pour procéder à de nouvelles élections. M. de Champvallins, vice-président de la deuxième section du collége d'Orléans, prononce un discours empreint de modération et de dévoûment à la royauté. Il y trace le portrait suivant d'un bon et loyal député : « Indépendant dans ses opinions, pré-
« muni contre toute influence, son vote consciencieux est
« toujours le résultat de sa conviction, et il n'ira pas sacri-
« fier à ses haines ou à ses affections politiques les hauts
« intérêts qui lui sont confiés. »

« Le 19 juillet suivant, il se portait comme candidat au grand collége du département, avec MM. de Riccé, ancien préfet, Crignon de Montigny, de Rocheplatte; et le 22, après trois tours de scrutin, il fut écarté par trois voix seulement de majorité données à M. Crignon de Montigny.

« M. de Champvallins, à la Chambre des députés, ne fut pas un homme de tribune ; mais sa valeur était appréciée dans les bureaux. Deux fois on le nomma rapporteur, et il fit partie des commissions chargées de l'examen de la proposition relative à la suppression de la censure facultative, du projet de loi relatif à la presse périodique, du projet de loi relatif à l'interprétation de l'article 60 de la loi sur l'enregistrement. On sait toute l'importance qu'on attachait aux deux premiers projets.

« Après les événements du mois de juillet 1830, fidèle à la ligne politique qu'il avait toujours suivie, M. de Champvallins refusa de prêter serment au nouveau gouvernement et rentra dans la vie privée.

« Il quitta dans le même temps la toge du magistrat et la robe de l'édile. Cependant le bon sens des électeurs ne pouvait pas toujours laisser étranger aux affaires de la cité un administrateur aussi précieux que M. de Champvallins; aussi la voix populaire le rappela-t-elle au conseil municipal dans le mois de juin 1843 ; mais en février 1848, le commissaire du gouvernement provisoire fit une épuration, et notre honorable collègue fut compris parmi ceux que la République écartait. Le vote universel, en dépit des préjugés politiques, le fit rentrer une troisième fois dans le conseil de la ville, et il y resta jusqu'au mois de juillet 1852.

« A cette époque, les pouvoirs municipaux étant expirés, on procéda à de nouvelles élections, qui eurent lieu au mois d'août de la même année. Mais alors on exigeait un serment de ceux qui étaient élus ; M. de Champvallins, par un sentiment très-respectable, ne crut pas devoir l'accorder. Il déclina toute candidature et se tint à l'écart.

« Tous ceux qui ont siégé avec lui pendant sa longue carrière municipale aiment à rendre justice à sa loyauté ; tous lui reconnaissent un jugement droit, une grande netteté dans les idées, un talent remarquable pour éclairer le point discuté et ramener à la question ceux qui s'en écartaient. Tous avouent qu'il ne mêla jamais les passions politiques à la discussion des intérêts de la cité.

« A partir de 1852, M. de Champvallins vécut en dehors des affaires. Je me trompe, Messieurs ; le bonheur qu'il éprouvait à se rendre utile le retint au bureau de l'assistance judiciaire, dans le conseil de la fabrique de la cathédrale, dans l'administration du Crédit foncier, au comité de l'assurance mutuelle contre l'incendie, dans la commission pour l'établissement des sœurs du département, dans la réunion des protecteurs des Jeunes Apprentis, et presque partout le respect qu'inspiraient ses vertus lui fit déférer la présidence.

« Lorsqu'il eut renoncé à siéger comme juge, il aima toujours à remplir le rôle honorable de conseiller des familles, de conciliateur dans les différends. Souvent il fut choisi pour régler des affaires de succession ; il épargnait ainsi des frais aux héritiers et empêchait les divisions qu'amènent presque toujours les questions d'intérêt.

« Possesseur d'une grande fortune, il savait donner largement. Jamais il ne resta étranger à une œuvre de charité. Généreux sans ostentation, il mettait en pratique la recommandation de l'Évangile : « Que votre main droite ignore ce « que donne la gauche. » Son amour des bonnes œuvres se révèle jusque dans ses dernières volontés. Les pauvres, l'église et la commune de Sandillon, où il fonda une école pour les jeunes filles, vous diraient mieux que moi sa générosité.

« Nous ne le suivrons pas au foyer domestique, ce sanctuaire sacré où la vraie vertu aime à rester ignorée. L'amour et le respect dont l'entouraient tous les siens révèlent assez ses admirables qualités comme chef de famille. Une bouche bien plus digne que la mienne a suffisamment fait son éloge dans une de ces assemblées imposantes que l'éclat de l'éloquence chrétienne réunit chaque dimanche autour de la chaire sacrée, dans la cathédrale.

« Je l'avoue même, je n'aurais jamais eu, Messieurs, la témérité d'entreprendre cette biographie, si des relations dont je m'honore, et des documents que je possédais, ne m'eussent en quelque sorte imposé cette tâche, que d'autres auraient beaucoup mieux remplie. J'ai voulu honorer dans M. de Champvallins un de nos plus anciens collègues, un citoyen vertueux, un chrétien véritablement digne de ce nom, courageux dans les plus douloureuses épreuves, constant dans l'observation de ses devoirs, dont la foi n'a jamais chancelé, et qui a couronné par la mort du juste la vie d'un homme de bien.

« Puissé-je, Messieurs, n'avoir pas été trop au-dessous de ma tâche ! Je le croirai, si vous voulez bien accueillir ce travail, quoique fait à la hâte, dans les *Annales* de votre Société. »

DE TORQUAT.

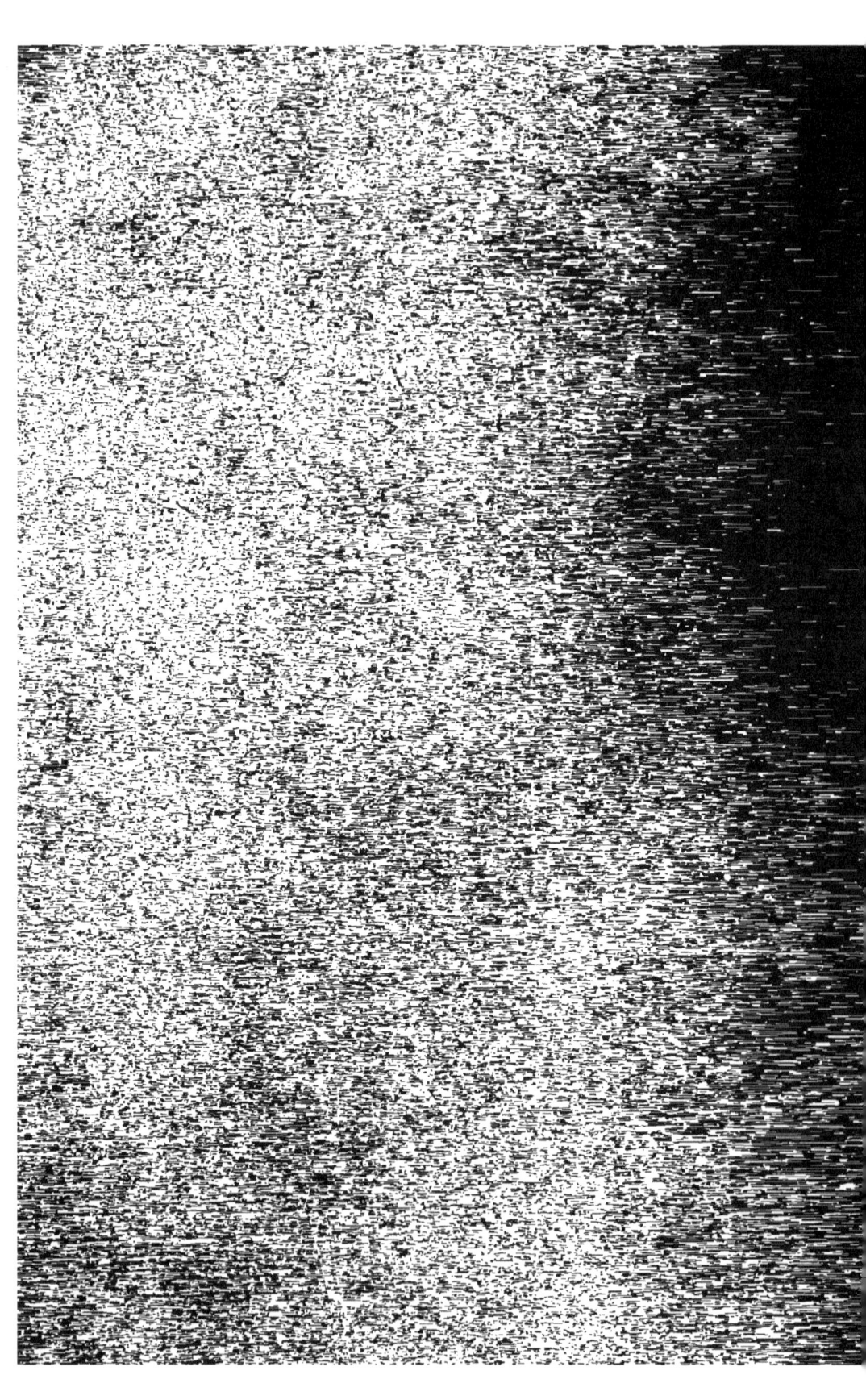

www.ingramcontent.com/pod-product-compliance
Lightning Source LLC
Chambersburg PA
CBHW060546050426
42451CB00011B/1815